Kleve, die Schwanenstadt in Wort und Bild

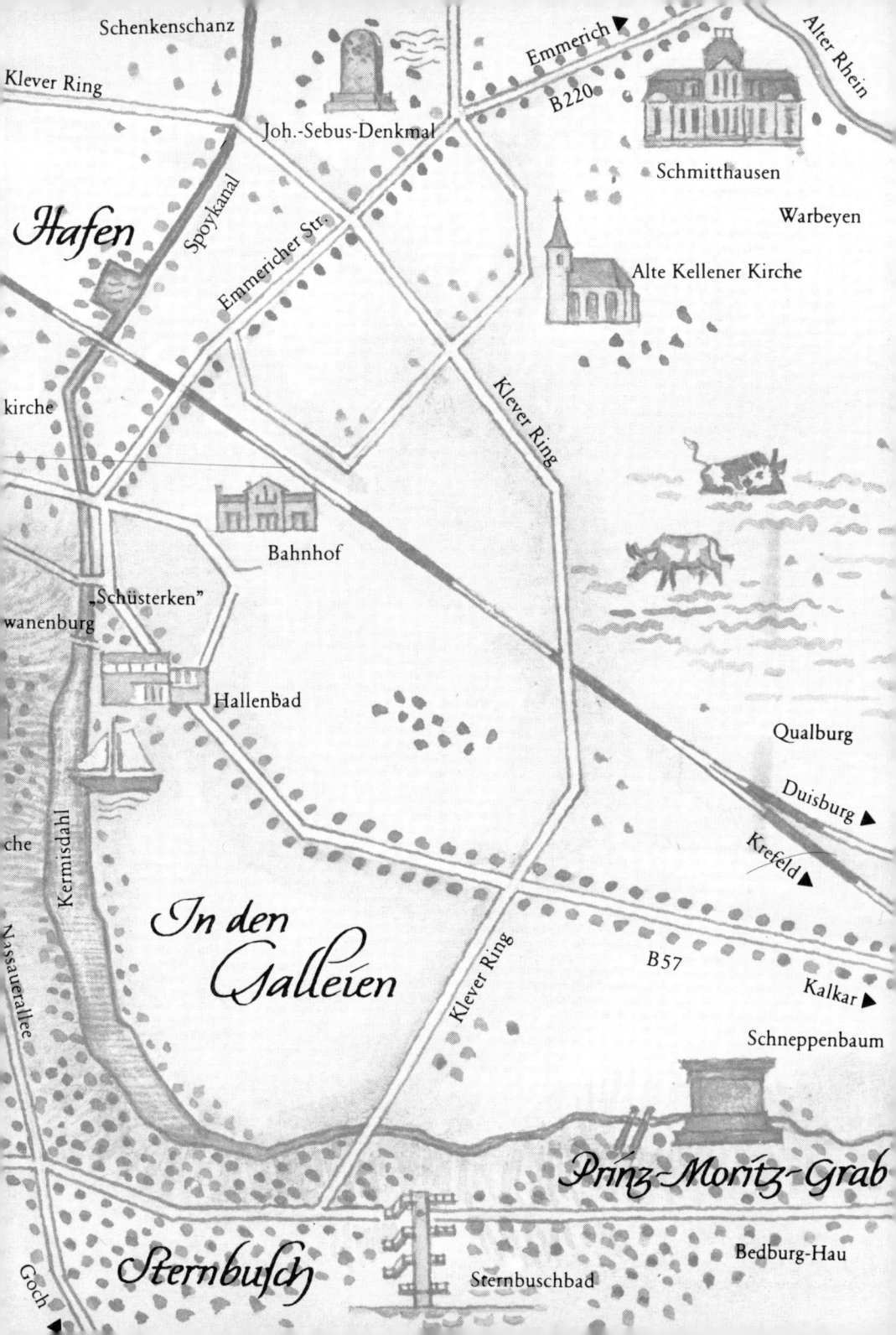

Schenkenschanz
Klever Ring
Emmerich
B220
Alter Rhein
Joh.-Sebus-Denkmal
Schmitthausen
**Hafen**
Warbeyen
Spoykanal
Emmericher Str.
Alte Kellener Kirche
kirche
Klever Ring
Bahnhof
„Schüsterken"
wanenburg
Hallenbad
Qualburg
Duisburg
Kermisdahl
Krefeld
che
**In den Galleien**
Klever Ring
B57
Kalkar
Nassauerallee
Schneppenbaum
**Prinz-Moritz-Grab**
Bedburg-Hau
Goch
**Sternbusch**
Sternbuschbad

# KLEVE

*die Schwanenstadt
in
Wort und Bild*

Text: Paul Dirmeier

Fotos: André Kramer

Verlag für Kultur und Technik

Zeichnung des Stadtplans: Walter Flinterhoff

Der Fotograf dankt allen Privatpersonen und Verantwortlichen der öffentlichen Einrichtungen für die bereitwillige Unterstützung bei den Aufnahmen.

Für die Gäste der Stadt Kleve ist einem Teil der Auflage am Ende des Buches Informationsmaterial beigefügt.

ISBN 3-924637-05-9

Alle Rechte vorbehalten.
© 1986 Verlag für Kultur und Technik, Norbert Lützenkirchen, Kleve
Fotosatz und Druck des Einbandes: Ernst Reintjes, Kleve
Druck des Innenteils: Eul & Günther GmbH, Emmerich
Gestaltung und buchbinderische Verarbeitung: Hendricks-Lützenkirchen, Kleve
Fotos: André Kramer, Kleve
Schlußfoto (Bahnübergang): Paul Dirmeier, Kleve

*Die meisten reisen nur,*

*um wieder heimzukehren.*

Montaigne

---

| | |
|---|---:|
| Wenn ich den Schwanenturm nicht mehr sehe . . . . . . . . | 7 |
| Bad Cleve . . . . . . . . . . . . . . . . . . . . . . . . . . . . . . . . . . . . . | 12 |
| Die Schwanenburg . . . . . . . . . . . . . . . . . . . . . . . . . . . . | 20 |
| Kirchen in Kleve . . . . . . . . . . . . . . . . . . . . . . . . . . . . . | 26 |
| Galgenberg und Galgensteg . . . . . . . . . . . . . . . . . . . . | 32 |
| Eine Brücke . . . . . . . . . . . . . . . . . . . . . . . . . . . . . . . . . | 38 |
| „Kleffse Schüsterkes än de Botter . . ." . . . . . . . . . . . . | 47 |
| Arbeit und Freizeit . . . . . . . . . . . . . . . . . . . . . . . . . . . | 59 |
| Auf Wiedersehen . . . . . . . . . . . . . . . . . . . . . . . . . . . . | 66 |

Die Schwanenburg mit Kermisdal

*„Wenn ich den Schwanenturm nicht mehr sehe ...*

Wie oft sagt man hierzulande diese Worte? Sind sie Ausdruck echten Heimatgefühls des Urklevers, ist es eine Liebeserklärung des zum Klever gewordenen Neubürgers? Oder ist es ein Alibi für den, der die bequeme Vertrautheit der Heimat der belastenden Ungewißheit der Ferne vorzieht? Oder verführt der stets faszinierende Blick auf die Schwanenburg zu solchen Worten?

An der Schwanenburg selbst kann es eigentlich nicht liegen, wenn man weiß, daß viele Klever sie noch nie bestiegen haben, selten wissen, aus welcher Zeit sie stammt und wer früher in ihr residiert hat.

Was ist es, das den Klever nicht fortgehen, den Fremden aber gerne wiederkehren läßt? Ist es das Gefühl der Geborgenheit im Schatten dieser Burg, die immer noch etwas von Trutz und Wehrhaftigkeit vergangener Zeiten spüren läßt? Vielleicht liegt es an der klevischen Landschaft überhaupt, die das Auge des Reisenden so unvermutet trifft, ihn aufwachen läßt aus der Eintönigkeit und Gleichförmigkeit des niederrheinischen Flachlandes. Dieses hat sicher seine Reize, die aber mehr in der Ruhe und Beschaulichkeit liegen, die die weiten Felder und Wiesen, durch Baumgruppen unterbrochen, ausstrahlen.

Dann aber erhebt sich ein grüner Höhenzug, nicht schroff, nein sanft, manchmal wieder nahezu ebenverlaufend, um dann plötzlich im alten Rheinbogen dieses herrliche Panorama des unverwechselbaren Kleve preiszugeben.

Vor nahezu 100 Jahren animierte es den Schöpfer des Klever Heimatliedes August Schröder zu dem Ausruf, daß keine Stadt, landauf, landab, an Schönheit diesem Kleve gleichkommt.

Dabei ist es gar nicht klevische Art, von der Schönheit seiner Heimat so zu schwärmen, von den Lindenalleen, soweit sie noch erhalten sind, von den Wäldern, die fast überall noch bis an den Rand der Stadt reichen, von dem Blick über den Kermisdalbogen, über die Niederung bis zum Eltenberg auf der anderen Rheinseite.

Der Klever selbst ist fasziniert von seiner Stadt zwischen den einzelnen Hügeln, die sich einander zuzuneigen scheinen und den Eindruck vermitteln, als könne man sich über das Auf und Ab der Gäßchen und Straßen hinweg die Hände reichen. Wo Kopfsteinpflaster noch immer einen Hauch der alten Stadt, die der Krieg weitgehend zerstört hatte, ahnen läßt.

Über allem thront die Burg. Sie grüßt nicht nur in die Weite des Niederrheins, sie ist auch in den Mauern der Stadt immer gegenwärtig. Sie wacht gleichsam über Bürger und Gäste von Kleve, das zwar in historischer Erinnerung großen Zeiten nachhängt, für unsere Generation aber eine liebenswerte Kleinstadt geblieben ist.

Traditioneller Weihnachtsmarkt in Kleve

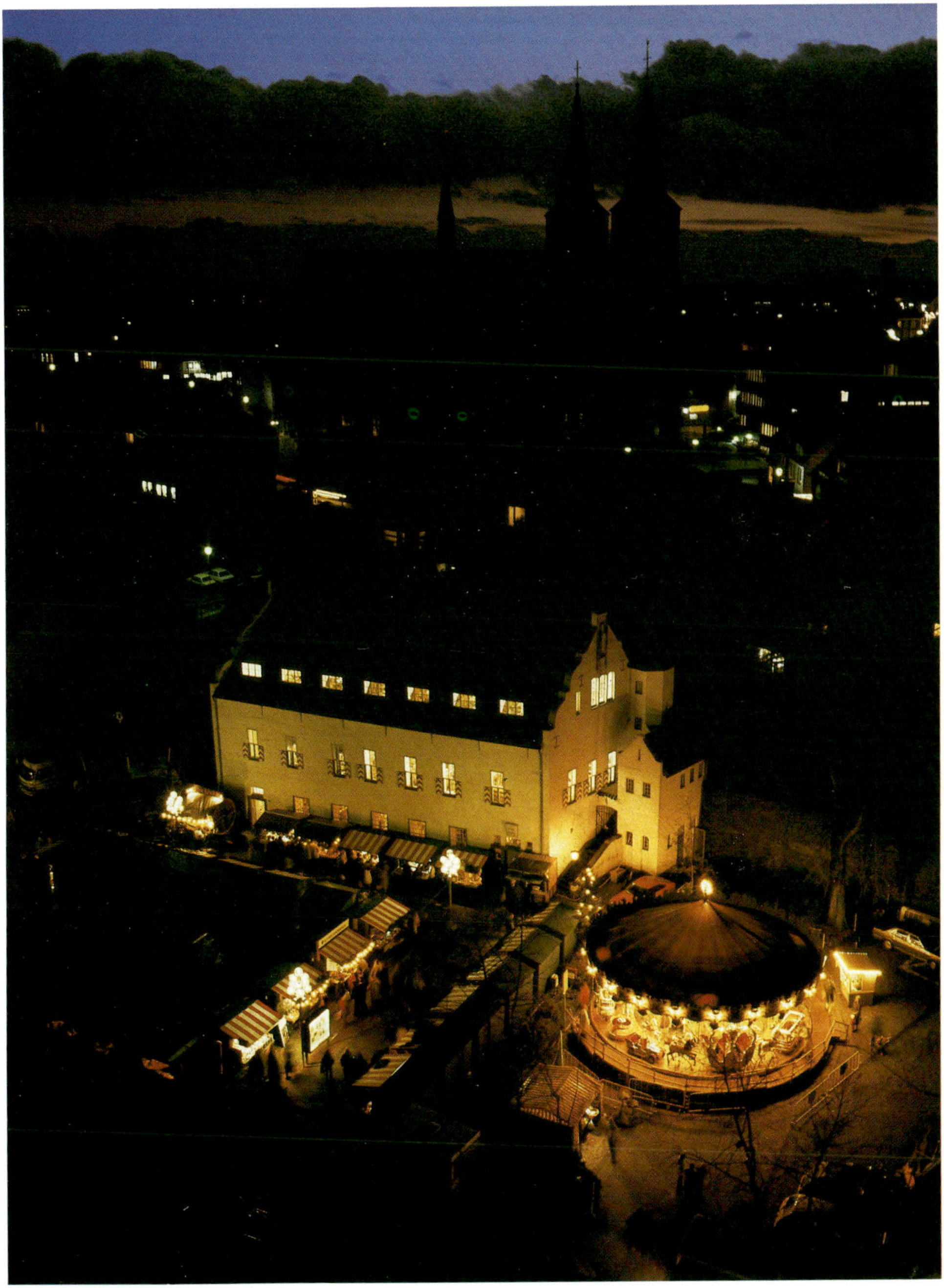

Warten auf Gäste. Am Klever Bahnhof

Attraktion Fußgängerzone. Große Straße

1
REINIGUNG
1
COMMERZBANK
PELZE
DEICHMANN
KAUFHOF
Stübchen
Hussel

# *Bad Cleve . . .*

. . . ist nicht mehr, doch einige Bauten und Parkanlagen zeugen noch vom alten Glanz, den Kleve als Badestadt bis über die Jahrhundertwende ausstrahlte.

Am Ende der Fußgängerzone der Kavarinerstraße besuchen wir zunächst das Palais Koekkoek, das der Maler B. C. Koekkoek 1847 erbaute und welches heute Stadtmuseum ist. Manche Werke des berühmten niederländischen Malers, der lange in Kleve wirkte, sind noch zu besichtigen. Mit vielen zeitgemäßen Ausstellungen hat sich das Museum dank seiner fachmännischen Leitung einen guten Namen gemacht (u.a. alljährliche Ausstellung des Niederrheinischen Künstlerbundes).

Wenn man von dort aus in Richtung Kranenburg (etwa 15 Minuten) wandert, erfreuen zunächst prunkvolle Bürgerhäuser im neuklassizistischen Stil auch heute noch das Auge des Betrachters. Am Fuße des Tiergartenwaldes schwenkt man in den früheren Kurpark ein, dessen kleiner See seit Urzeiten ein Schwanenpaar beherbergt. Exotische Bäume in überraschender Vielfalt sind die Prunkstücke dieses gepflegten Naturparks. An stillen Wassergräben entlang öffnet sich dann der Blick zur Fassade des Mitte des 19. Jahrhunderts erbauten Friedrich-Wilhelm-Bades. Der allmähliche Verfall zeigt auch hier die Schnellebigkeit unseres Jahrhunderts; Reste des einst als so heilkräftig gepriesenen Stahlbrunnens geben Hoffnung zur Restaurierung, die bereits bei der Gesamtgestaltung des Amphitheaters mit den Wasserspielen so hervorragend gelungen ist. Am höchsten Standort über dem Amphitheater, dem Springenberg, steht ein schlank aufragender Obelisk, der später zum Denkmal für die Toten des Krieges 1870/71 umfunktioniert wurde. Von den Klevern wird er respektlos „Kupferner Knopf" genannt.

Von hier aus schaut man in die Weite des Niederrheins bis hin zur höchsten Erhebung auf der anderen Rheinseite, dem Eltenberg. Der Weg am Hauptkanal entlang, noch heute umsäumt von alten Linden und Eichen, führt direkt zur Wasserburg Rindern.

Haus Koekkoek, Kavarinerstraße. Blick ins Museum

Bürgersinn und Engagement verdienstvoller Klever (Dr. Heinz Will) schufen nach dem Kriege mit dem heutigen Tierpark einen weiteren interessanten Anlaufpunkt für kleine und große Gäste der Schwanenstadt. Eine natürliche Verbindung von Heute und Gestern, von Gegenwart und Vergangenheit. Anstelle des verschwundenen Hotels Styrum (erbaut 1842) lädt heute hier gute Gastlichkeit zum Verweilen ein.

Haus Sanders in der Tiergartenstraße

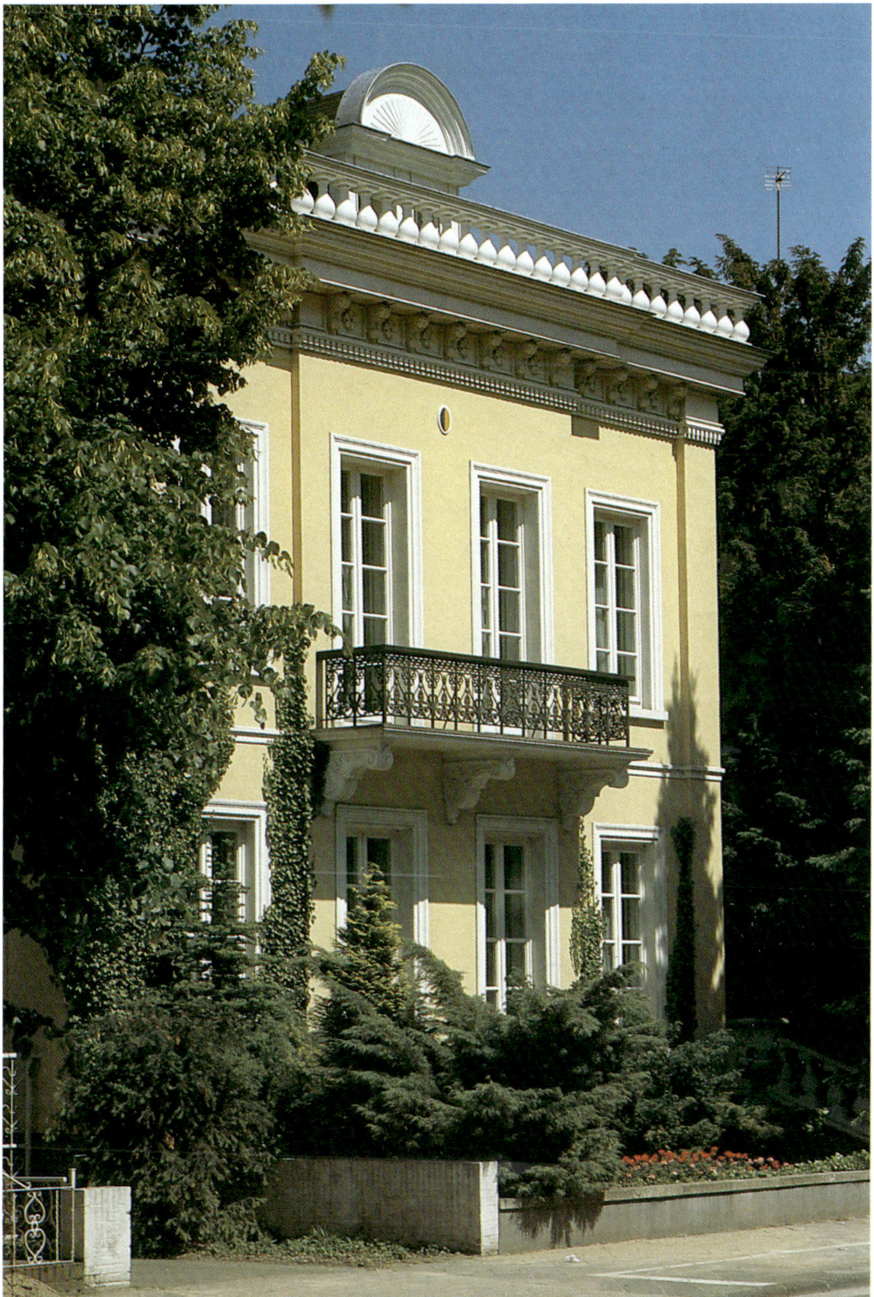

Die beliebten Konzerte im Forstgarten

Wasserspiele am Amphitheater

17

Schwanenburg. Brunnen im Innenhof (A. Sabisch)

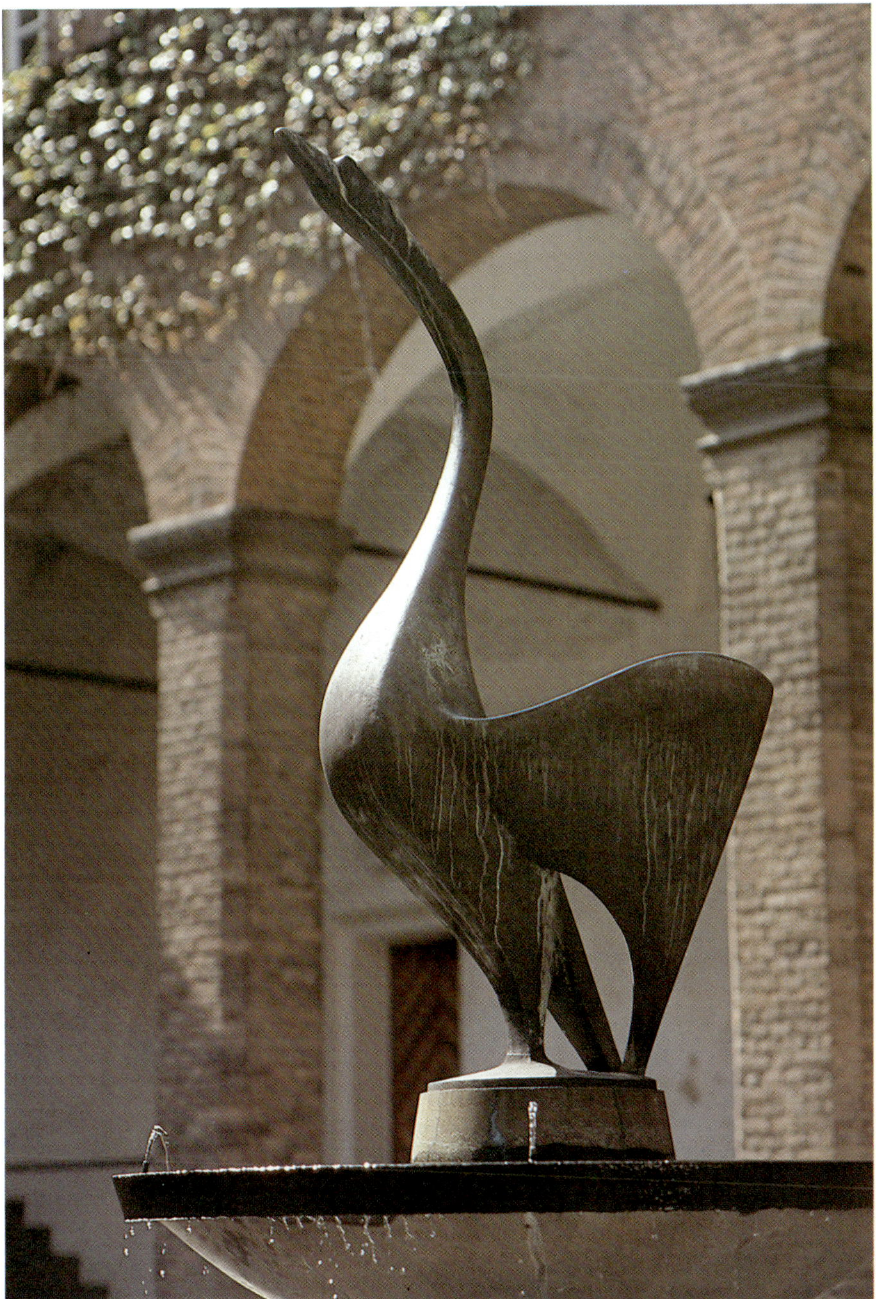

# Die Schwanenburg ...

... hat ihren Namen sicher vom sagenumwobenen Schwanenritter, dem ersten Grafen von Kleve, obwohl heute nahezu feststeht, daß jener Beschützer der Elsa, der seinen Namen und seine Herkunft nicht preisgeben wollte, nicht in Kleve an Land gegangen ist. Sicher ist jedoch, daß auf dem Hertenberg (Herkulesberg) schon zu Zeiten der Römer ein Wart- oder Wachtturm gestanden hat. Man kann heute davon ausgehen, daß Herzog Adolf II. Mitte des 15. Jahrhunderts den Ausbau der Burganlage in seiner später bekannten Größe begann und auch den Grundstein zum eigentlichen Turm legte. Der Große Kurfürst vollendete Mitte des 17. Jahrhunderts das gesamte Schloß, das so vollständig aber nur etwa 100 Jahre Bestand hatte. Der Zerfall begann mit dem Absinken der Bedeutung Kleves.

Heute ist die Schwanenburg ausschließlich Sitz des Land- und Amtsgerichts. Justizverwaltung sowie Heimat- und Verkehrsverein bemühen sich in verstärktem Maße, Schwanen- und Spiegelturm, ja die gesamte Burganlage wieder zu einem Anziehungspunkt für auswärtige Gäste zu machen. Erst in jüngster Zeit sind neue Aktivitäten zum Erhalt des aus den ersten Tagen der Schwanenburg stammenden Gewölbekellers am Fuße des Spiegelturms geweckt worden, dessen Attraktion eine Toilettenanlage aus der Staufferzeit ist.

Der zwischen Marstallgebäude und Schwanenburg auf seinem Pferd thronende Große Kurfürst müßte eigentlich lächeln, wenn er erkennt, daß Freude und natürlich Kommerz, ja einfach klevisches Leben sich immer wieder zur Burg der Stadt hin orientieren.

Der alljährlich stattfindende Weihnachtsmarkt, verstärkt durch die angestrahlte Burganlage, vermittelt unbewußt jenes verhaltene Schwelgen in Nostalgie.

Ein Gang über das „Kliff", der Blick von der Burg, das Staunen vor dem Können der Menschen früherer Zeiten: Die Schwanenburg lohnt immer, für den Klever und seine Gäste.

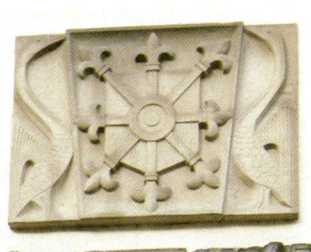

Schwanenburg. Portal zum Innenhof

Geologisches Museum im Schwanenturm

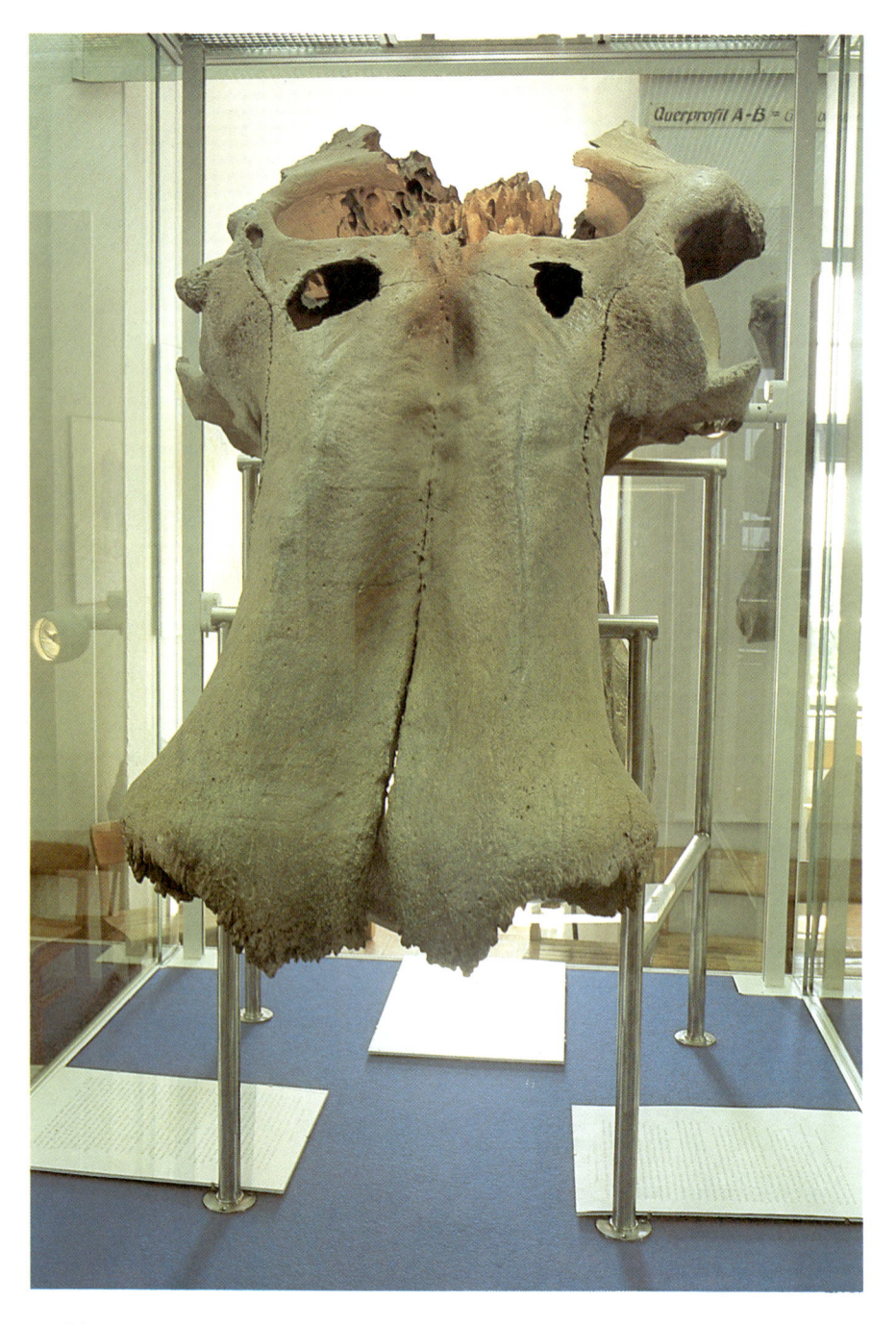

Freigelegter Gewölbekeller am Fuße des Spiegelturms

Der „Marstall" am Fuße der Burg, im Hintergrund die Stiftskirche

25

# Kirchen in Kleve

Neben der Schwanenburg geben erst die herausragenden Türme der Hauptpfarrkirche St.-Mariä-Himmelfahrt das typische Panorama von Kleve wieder. Dietrich der Fromme, IX. Graf zu Cleve, legte im Jahre 1341 den Grundstein auf dem sogenannten Kirchberg, auf dem vorher bereits eine kleine, Johannes dem Evangelisten geweihte, Kirche stand. Der rein gotische, architektonisch einfache und schöne Kirchbau ist heute vollständig restauriert und läßt die Zerstörung durch Bomben im letzten Krieg kaum noch ahnen. Der wiederhergestellte Hauptaltar, die Gräber der klevischen Grafen und Herzöge und das auf 20 Rundsäulen ruhende Gewölbe laden zum Verweilen, zur Beschaulichkeit ein.

Die Unterstadtkirche in der Kavarinerstraße, noch einige Jahre vor der Hauptkirche von Graf Dietrich VIII. erbaut (vollendet 1291), diente viele Jahre mit dem anliegenden Kloster als Mönchen-Kirche dem Minoriten-Konvent; erst 1804 wurde sie der Hauptkirche für den allgemeinen Gottesdienst beigegeben. Der von außen eher schmucklose Bau beherbergt in seinem Inneren eine mit herrlichem Schnitzwerk ausgestattete Kanzel, die die Wirren der Zeit einigermaßen heil überstanden hat.

Von den älteren Kirchengebäuden ist im eigentlichen Stadtgebiet nur noch die etwas über 350 Jahre alte Kleine evangelische Kirche oberhalb der Stechbahn erhalten geblieben. Andere Gotteshäuser, auf alten Fotos noch abgebildet, sind nicht mehr. Erinnerungen – meist keine guten.

Das ehemalige Kapuzinerkloster in der Spyckstraße, die Versöhnungskirche und die Christus-König-Kirche an der Lindenallee sowie weitere Gotteshäuser, meist aus neuerer Zeit, liegen am Rande des eigentlichen Stadtkerns, in ihnen pulsiert christliches Leben der Menschen von heute.

Stiftskirche

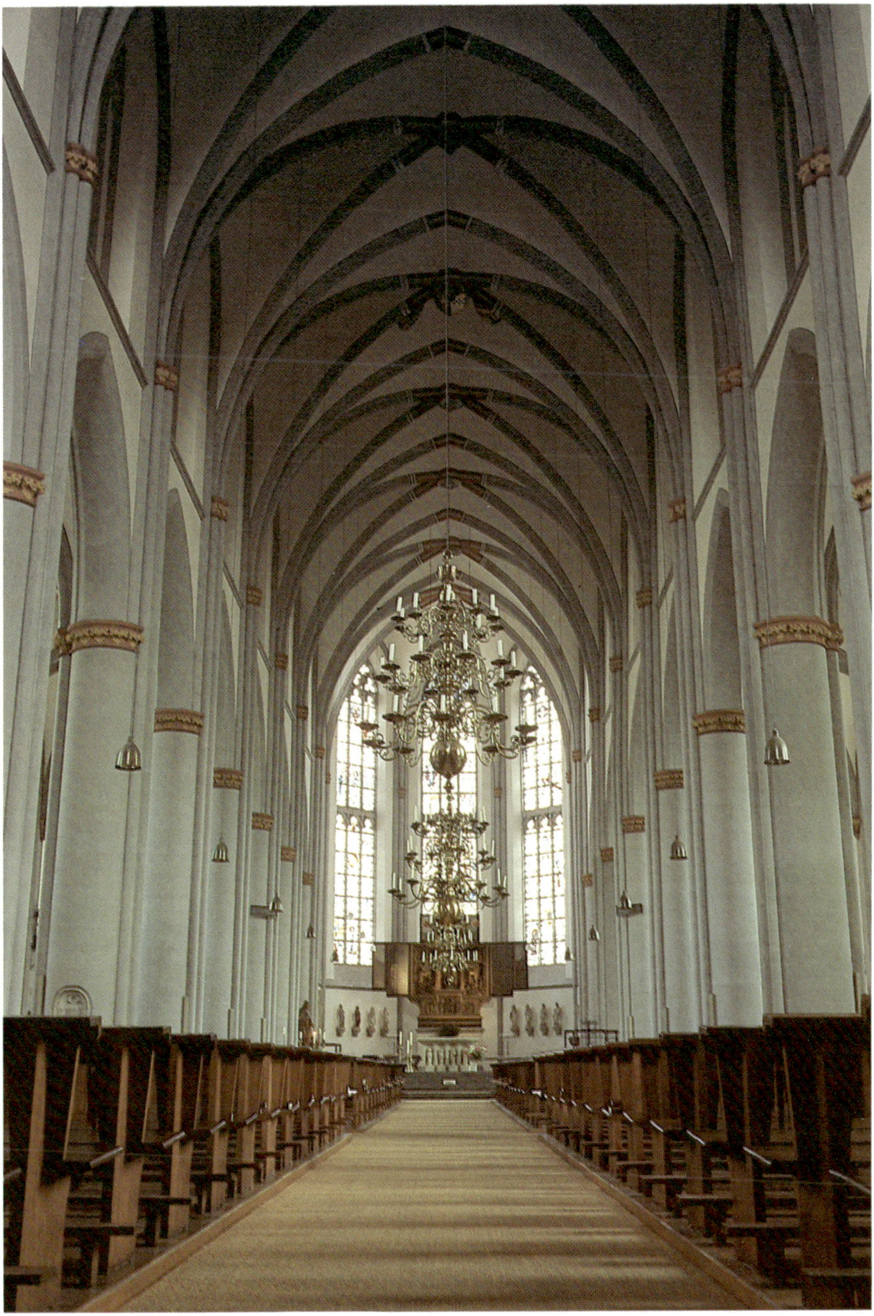

Minoritenkirche in der Unterstadt (Kavarinerstraße)

Kleine evangelische Kirche an der Böllenstege

Winterliches Kleve vom Aussichtsturm aus gesehen

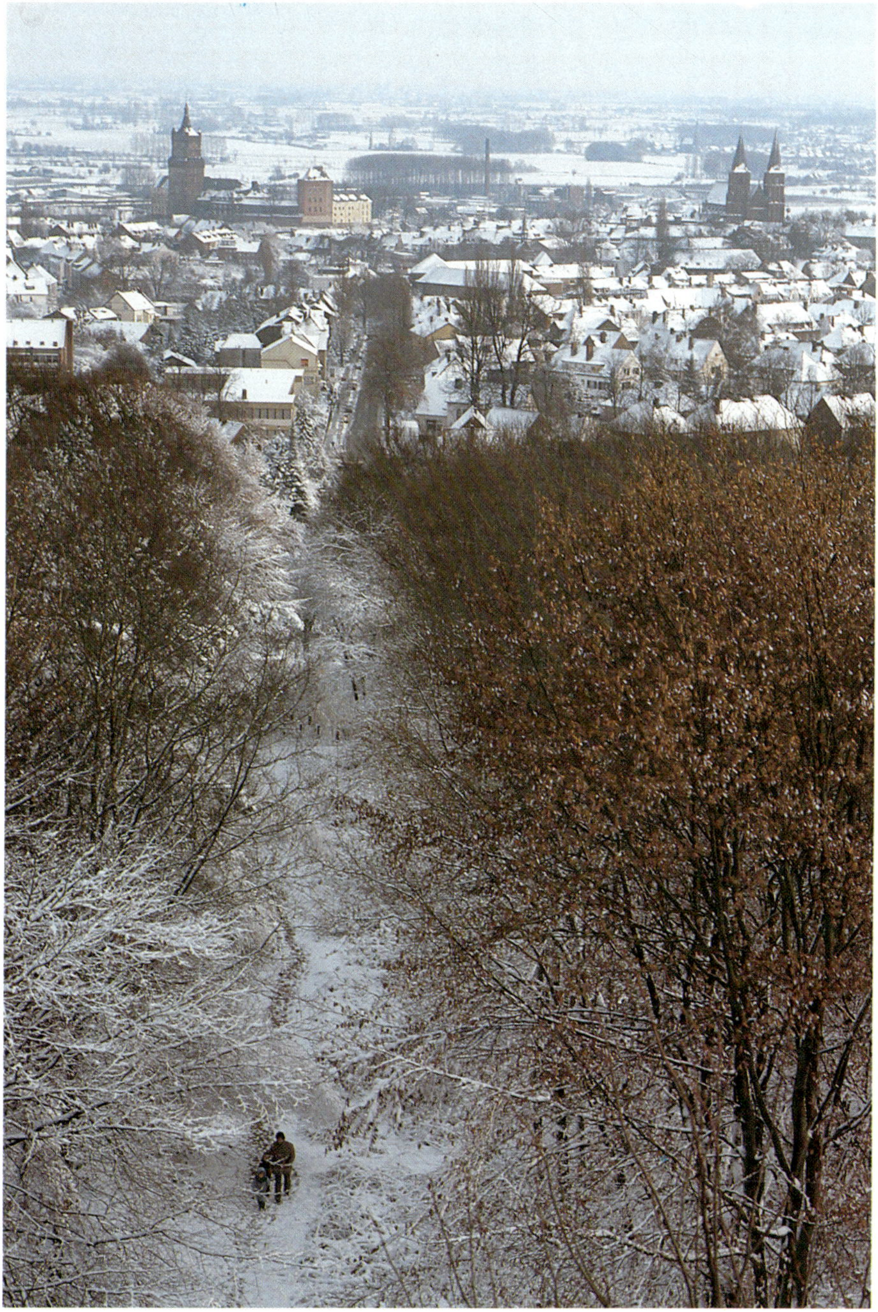

# *Galgenberg und Galgensteg*

Schon der preußische König Friedrich I. hatte erkannt, daß man vom Galgenberg aus den schönsten Blick auf das Klever Land und noch weit darüberhinaus hatte. Er ordnete deshalb an, daß die Richtstätte für die zum Rad oder Galgen Verurteilten zum Ort des heutigen Ehrenmals auf dem Klever Friedhof verlegt werden sollte.

Der Galgenberg hieß ab 1692 Kleverberg. Auch der Galgensteg, die spätere obere Lindenallee, verlor damit den Namen. Dazu wurde auf der Kuppe dieses Berges, die man noch besonders erhöhte (heute 109 Meter), eine Linde gepflanzt.

Aber erst rund 200 Jahre später (1892) erbaute dort der Klever Architekt Adolf Ihne den zwölf Meter hohen Aussichtsturm. Von der Höhe des Turmes mit seiner Rundblickkanzel kann man noch die Verbindung mit den Parkanlagen des Tiergartenwaldes erkennen. Wenn heute der Blick durch die Brabanterstraße auf den Spiegelturm der Schwanenburg fällt, so muß man wissen, daß einstmals elf Alleen sternförmig den Kleverberg verließen und man auf Arnheim, Nimwegen, den Eltenberg und den schon vorhandenen Sternberg schauen konnte.

Der von den Besuchern Kleves vernachlässigte Turm, dessen Besteigung offensichtlich noch immer den Preis der Erbauungszeit kostet (0,10 DM), sollte für Freunde der Stadt besonders interessant sein. Er läßt von oben manches erkennen, was unten Häuserzeilen weitgehend verdecken. Seit jüngster Zeit scheint dabei auch die Silhouette des „Schnellen Brüters" bedrohlich nahe an Kleve heranzureichen.

Es lohnt sich, Kleve von oben zu betrachten; zu vergleichen, ob alt und neu zueinander gefunden haben oder sich störend im Wege stehen. Man ist dabei turmhoch über Kleve, ein wenig dem Verkehr und der Hast des Alltags entrückt inmitten der grünen Umgebung.

Der Aussichtsturm auf dem Kleverberg

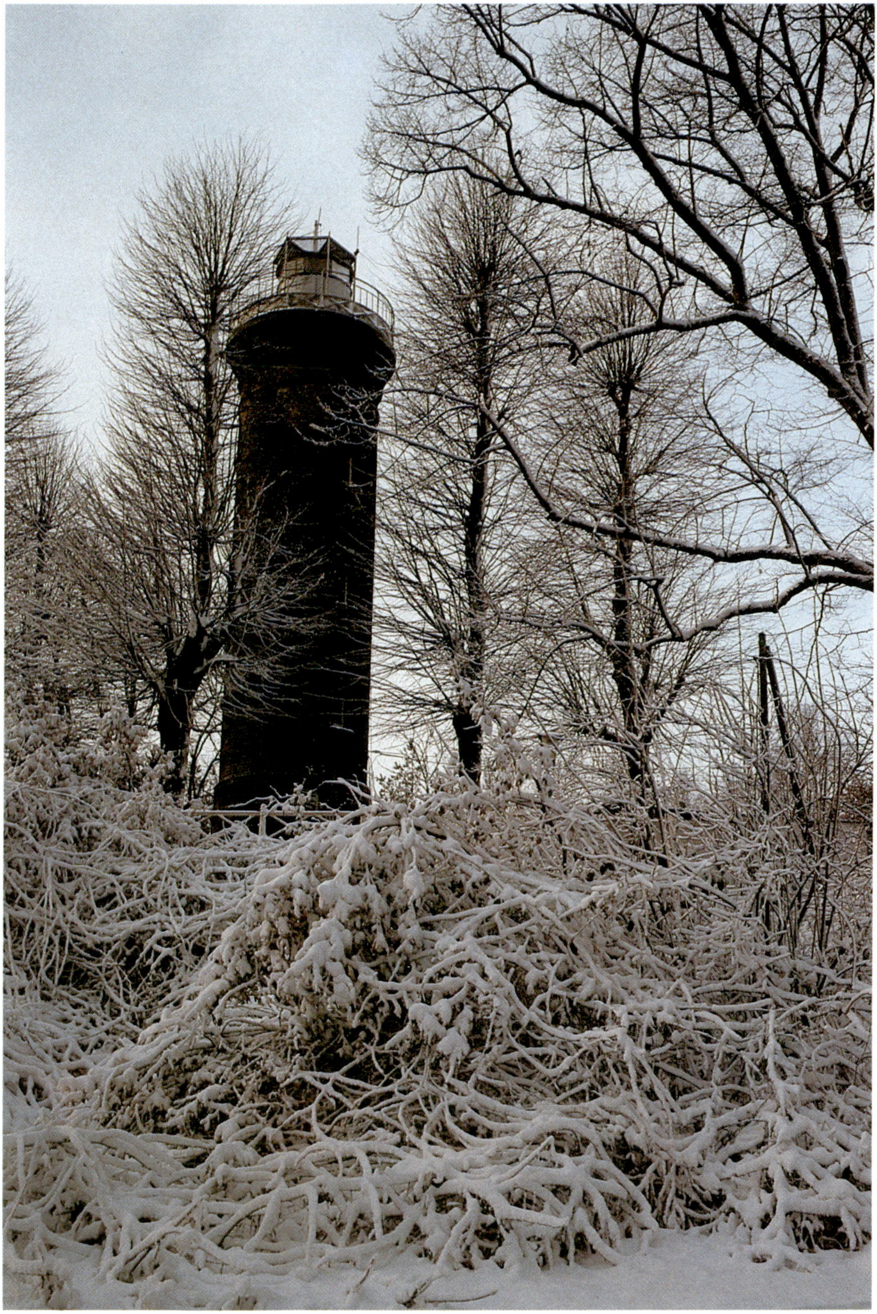

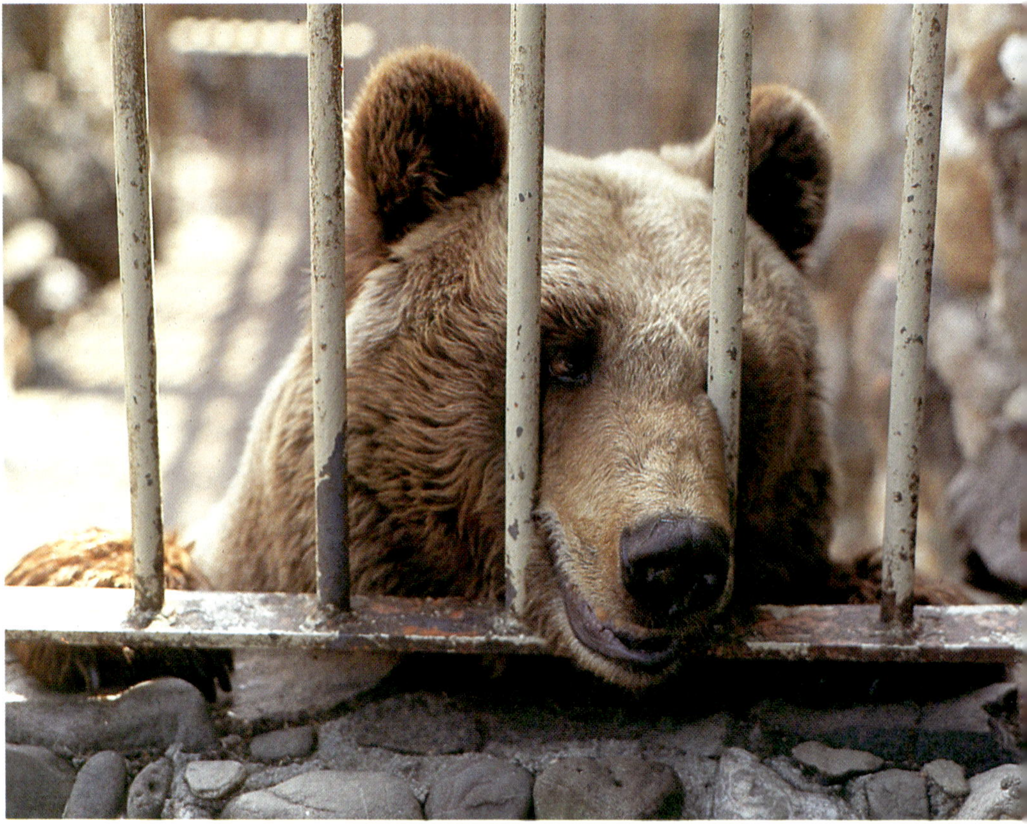

Willkommen in Kleve. Idylle im Tiergarten

Wälder rund um Kleve, „die 7 Quellen" (Alte Bahn, Richtung Kranenburg)

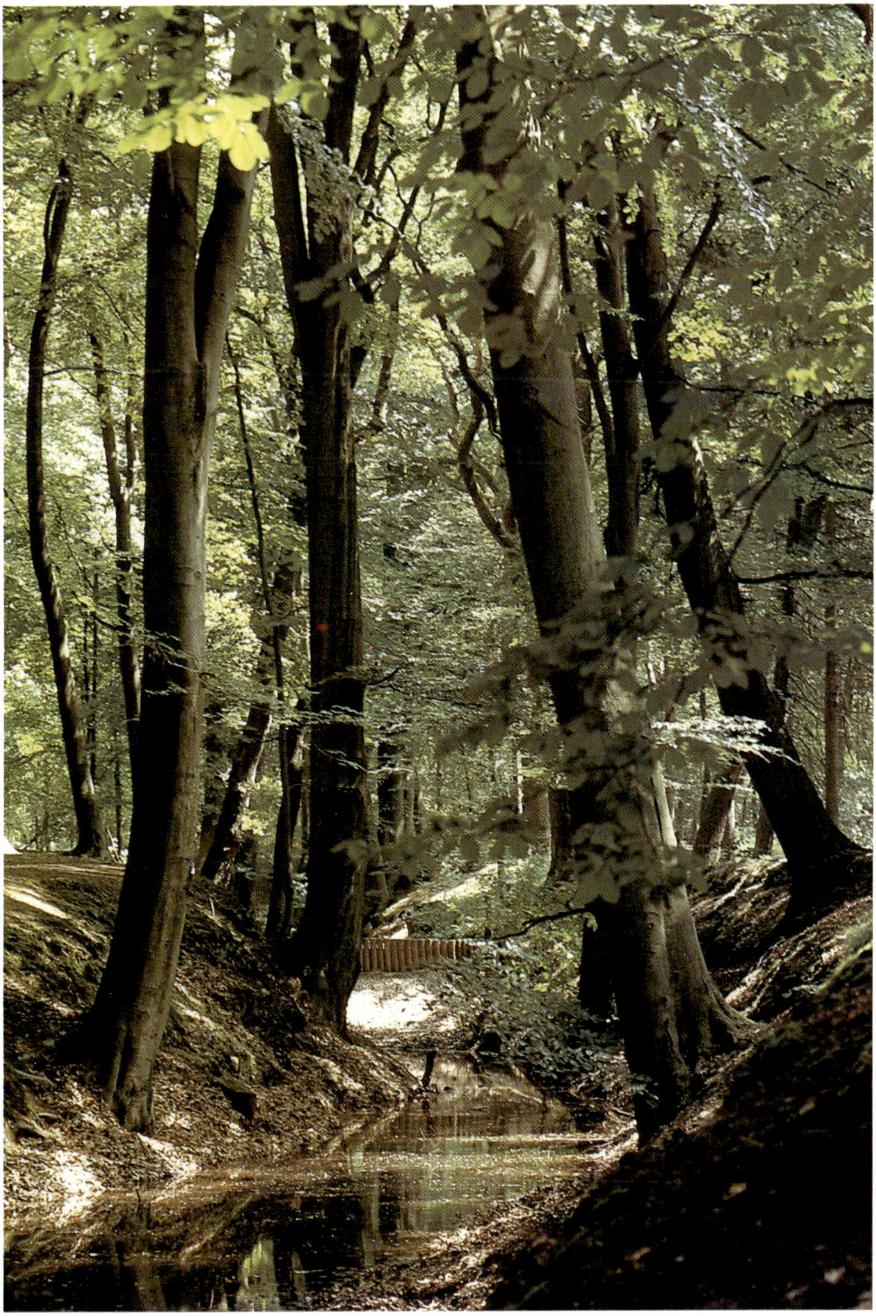

## *Eine Brücke . . .*

. . . zu den Toten haben die Menschen schon immer bauen wollen. Ob nun verschiedene Künstler das Reich der Toten in das der Lebenden projizierten oder die Lebenden etwas von der Mystik des Todes zu erfahren suchten, ob nun im Altertum Leonidas, vom Tode gezeichnet, nach der Schlacht bei den Thermopylen 450 v.Chr. jene geflügelten Worte sprach: „Wanderer, kommst du nach Sparta, sage, du habest uns hier liegen sehen . . ." oder ob Künstler der heutigen Zeit den Toten lebende Bildwerke des christlichen Glaubens an die Auferstehung mitgaben, immer ist es der Versuch, eine Brücke zu schlagen.

Bei einem Spaziergang über den sogenannten neuen Friedhof von Kleve spürt man nachdrücklich diese für die Lebenden stets unfaßbare Verbundenheit mit dem Tode. Wandert man über den breiten Hauptweg, der den Friedhof in zwei nahezu gleiche Hälften teilt, schaut man durch die Kastanienallee am Kreuz des Ostens vorbei auf das Mahnmal vergangener Kriege. Es rührt jeden an, wie das Pferd, die Kreatur, den Blick zurück über eine Brücke zu den Verlorenen sucht. Neben dieser künstlerisch wertvollen Arbeit eines Berliner Professors (Lederer) bereichern Grabmonumente alter Klever Familien diesen Friedhofspark. Es sind steinerne Zeugen friedlichen Sterbens von oft unbekannten Künstlern, einige auch von Achilles Moortgart, jenem flämischen Bildhauer, den erst die letzten Tage des Krieges 1945 von Kleve fortgeführt haben.

Der neue Friedhof, dessen Hauptpflanzungen Anfang der zwanziger Jahre erfolgten, ist mittlerweile auch schon fast 80 Jahre alt (Einweihung 1. 7. 1908). Er wurde erforderlich, weil Begräbnisse innerhalb der Stadt auf dem alten Friedhof an der Lindenallee, den 100 Jahre zuvor der Klever Bürgermeister Hopman seiner Stadt aus Privatbesitz geschenkt hatte, nicht mehr erlaubt waren.

Besuche auf den Friedhöfen sind immer auch Begegnungen mit der Geschichte, mit dem Vergangenen, der eigenen Vergangenheit, aber auch der der Stadt, in der wir leben.

Neuer Friedhof. Blick auf das Priesterrondell

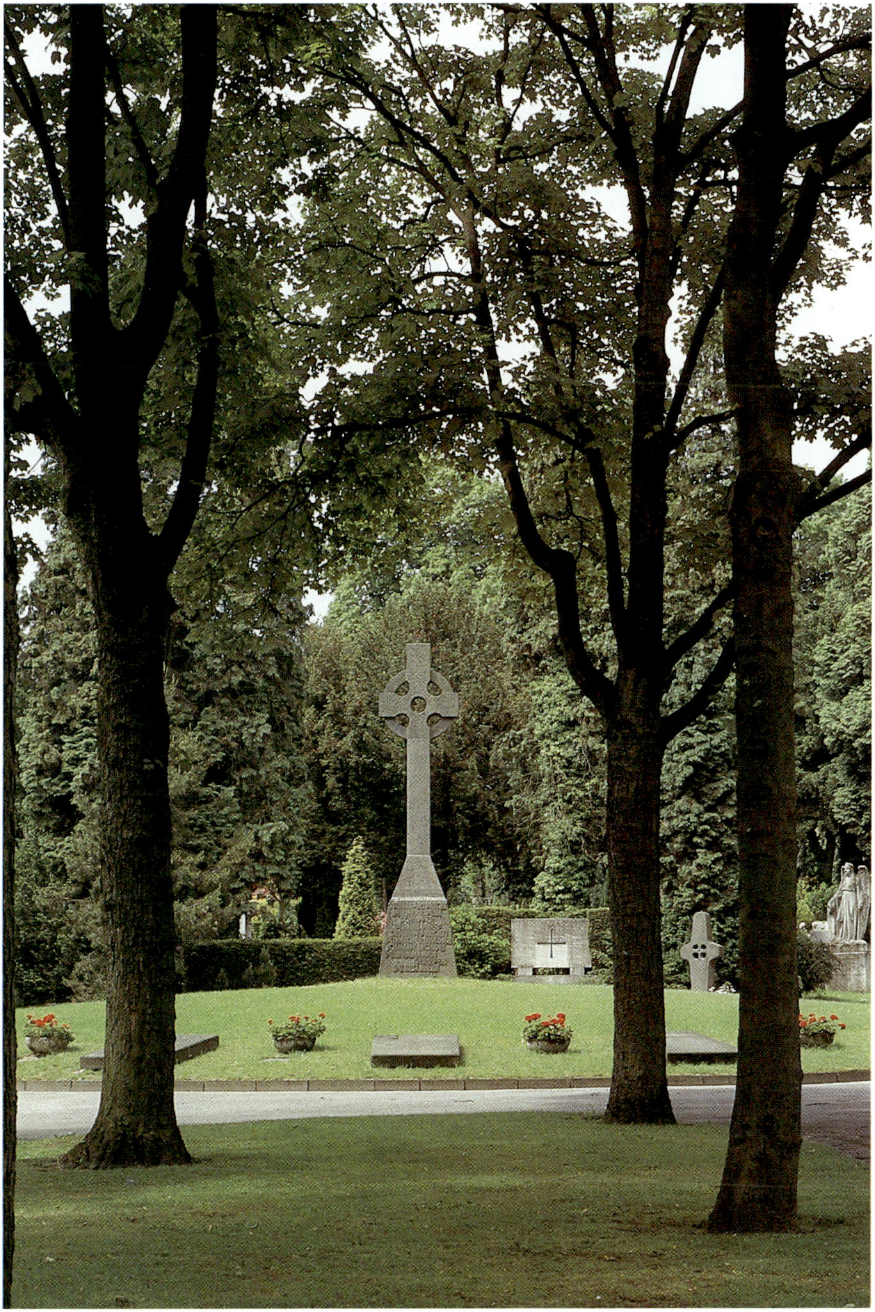

Ehrenfriedhof in Donsbrüggen

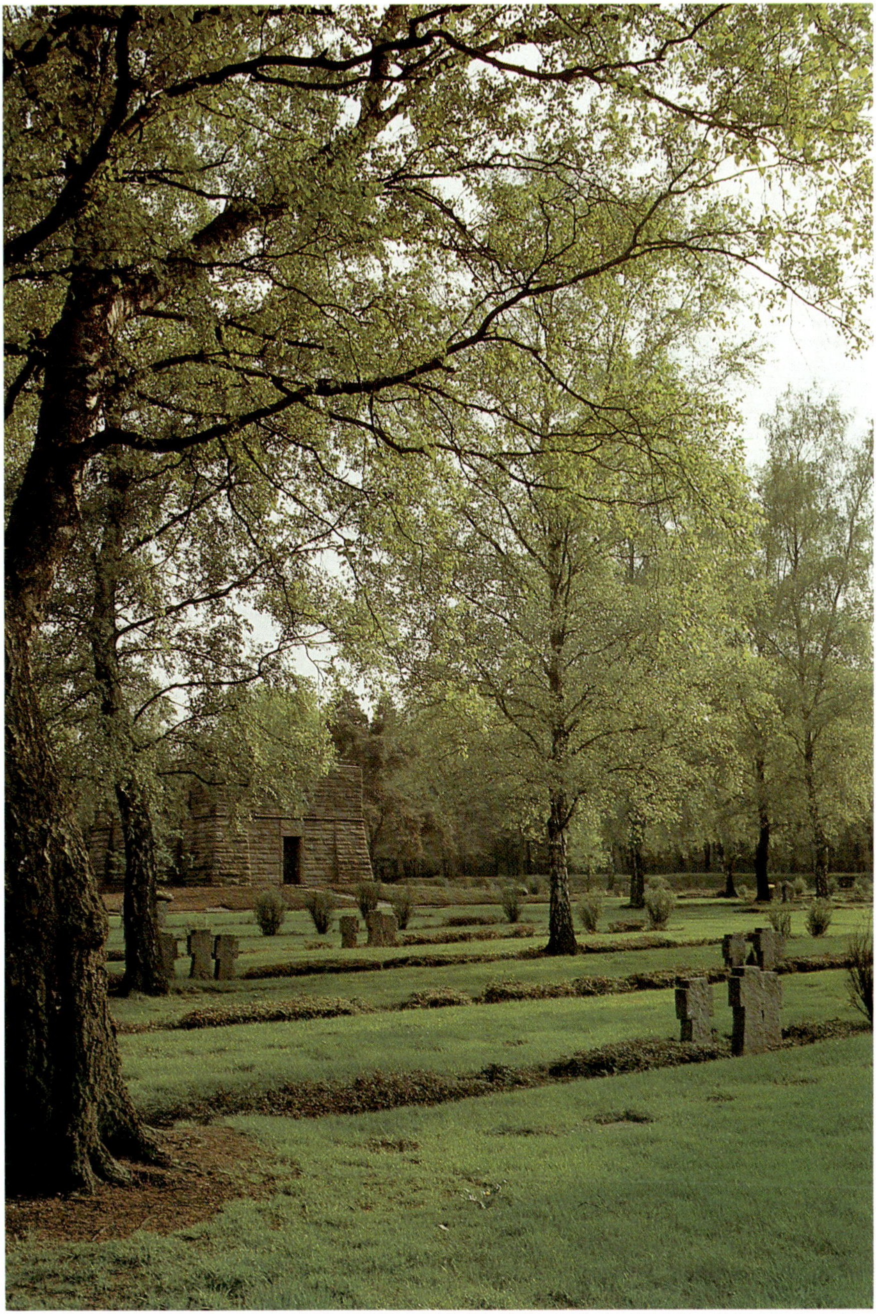

Haus Gnadenthal bei Donsbrüggen

Grabmal des Prinzen Moritz von Nassau bei Berg und Tal (Richtung Uedem)

Der Klever Hafen am Spoykanal

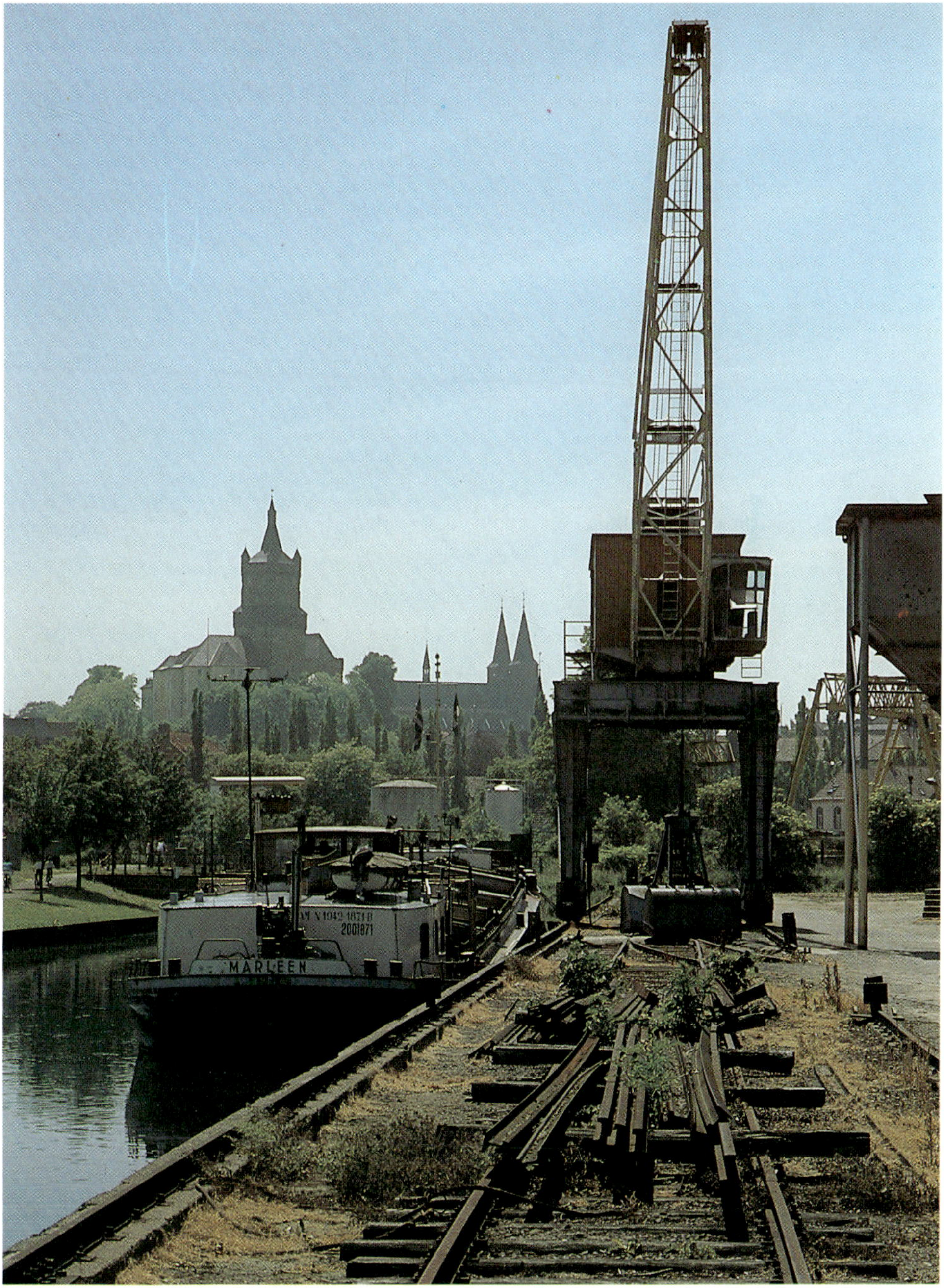
MARLEEN
2001871

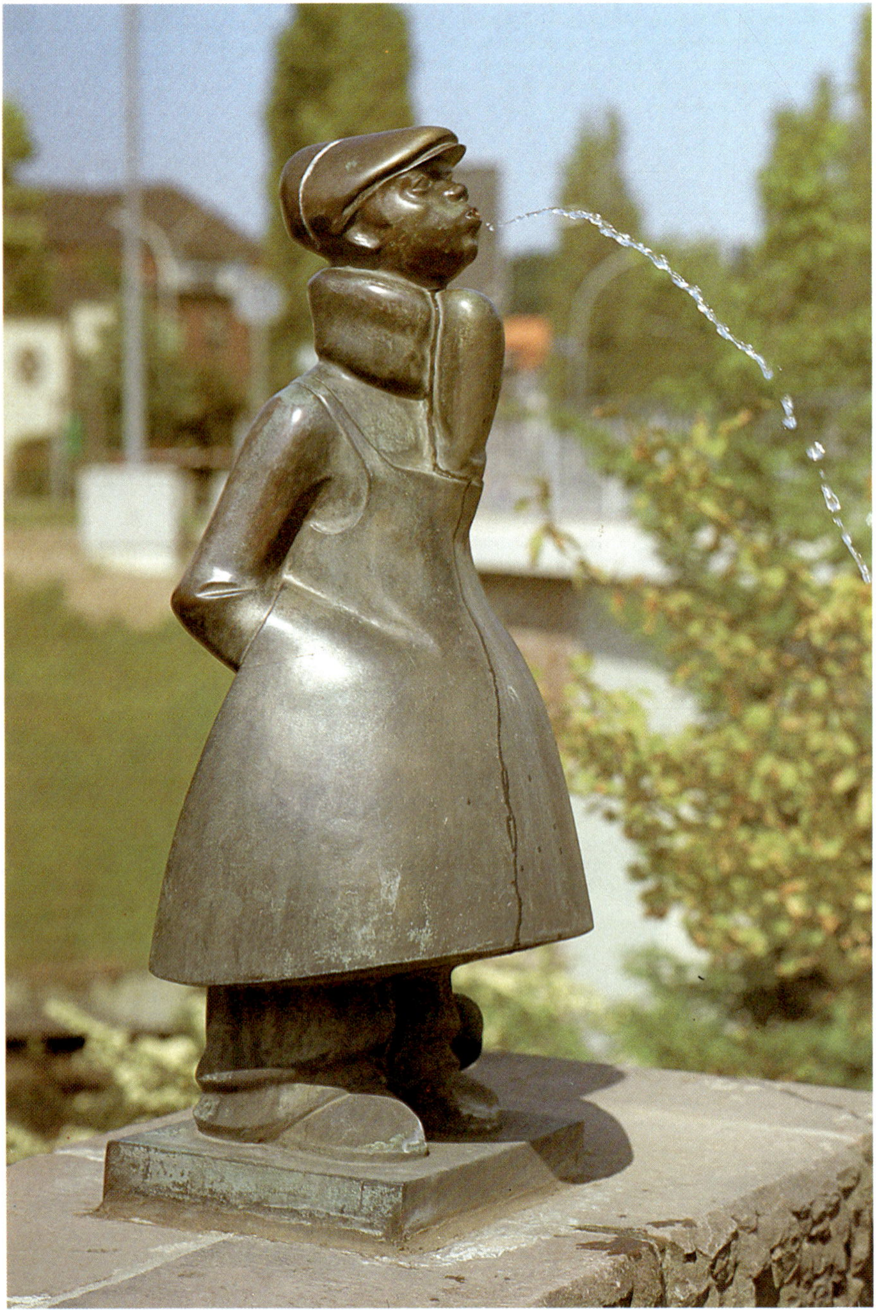

## „Kleffse Schüsterkes än de Botter"

Als um die Jahrhundertwende der Glanz Kleves als Residenz oder als Bad endgültig dahin war, kam die Industrie in den Nordwestzipfel Deutschlands.

Pionier und Gründer der ersten Kinderschuhfabrik war der Klever Gustav Hoffmann zusammen mit Fritz Pannier, der aus Berlin stammte. Nach der Trennung (1908) von seinem Partner gelang es Gustav Hoffmann, das Auf und Ab des ersten Weltkrieges und die nachfolgende Inflation durchzustehen. Über 1.000 Mitarbeiter zählte der Betrieb bereits 1923, nach der Katastrophe des letzten Krieges und in den folgenden Zeiten des Wirtschaftswunders bis über 4.000.

Aber auch beim „Elefanten" haben das Zeitalter des Computers, Automation, Rationalisierung und Preisdruck von außen Veränderungen heraufbeschworen.

Doch „Beltermann", jene schon etwas nostalgische, von Jupp Brüx geschaffene Symbolfigur des alten Klever Schusters spuckt an der neuen Brücke weiterhin pfiffig vor sich hin. Er weiß, daß „Kleef ohne Schüsterkes niet läwe" kann. Modernes Management gepaart mit Traditionsbewußtsein werden hierfür Sorge tragen.

Beltermanns Blick in Richtung „Botter" scheint auch nachdenklicher geworden zu sein. Kakao und Kekse, einst Markenzeichen klevischer Erzeugnisse, sind verschwunden und bei „van den Bergh op de Botter" heißt es mehr und mehr Maschinen für Menschen.

Die Margarine-Industrie existiert in Kleve seit den achtziger Jahren des vorigen Jahrhunderts. Seit 1929, als sich die Holländer van den Bergh und Jurgens wegen der verschärften Zollbestimmungen in Kleve zusammenfanden, gibt es die heutige Margarine-Verkaufs- Union. Ein riesiger Konzern. Obwohl alte Klever sich mit Wehmut daran erinnern, daß einstmals der Schwan stolz das Siegel auf dem blauen Band eines Margarinewürfels thronte.

„Beltermann" (J. Brüx) spuckt an der Herzogbrücke

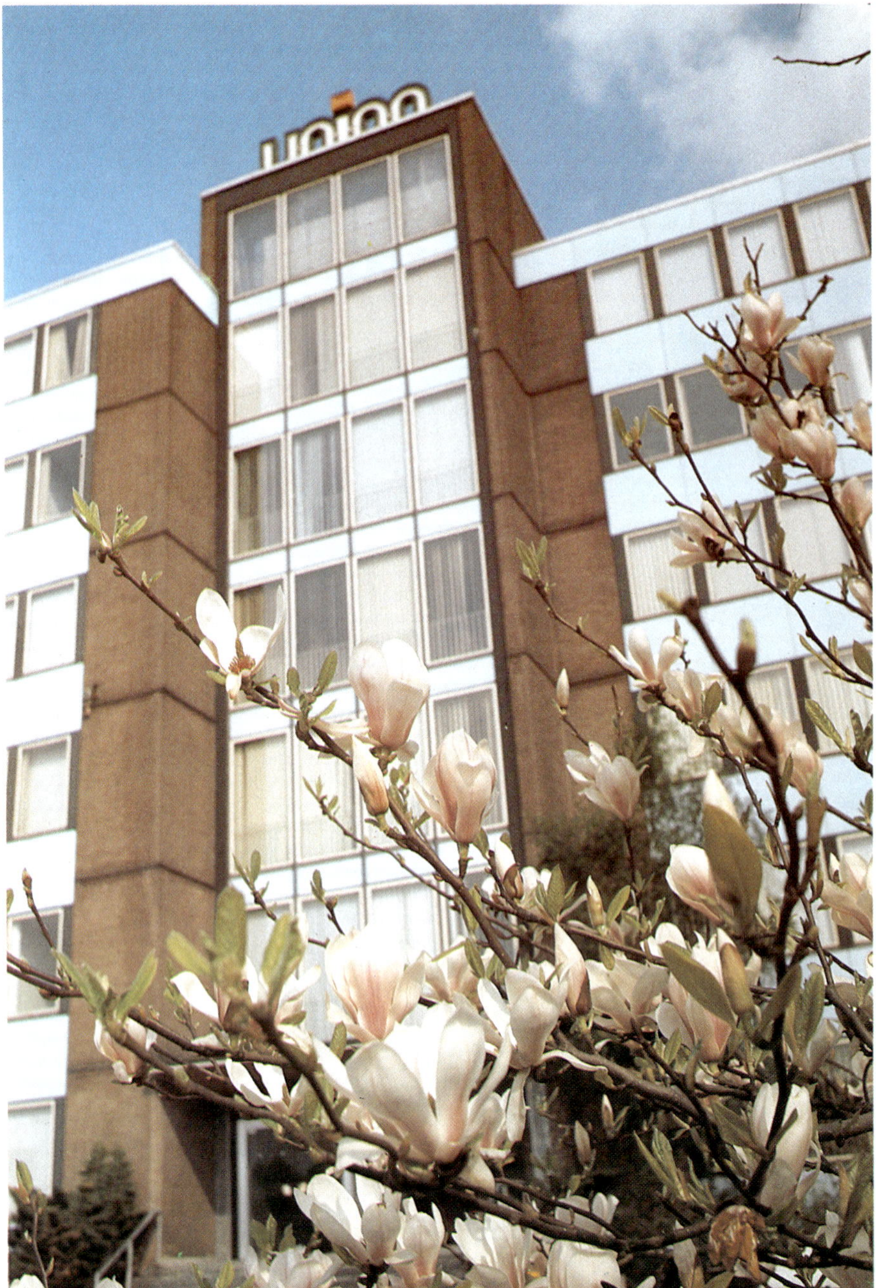

Die Elefanten-Schuh GmbH an der Hoffmannallee

Vielleicht setzt man einen solchen Würfel irgendwann dem Beltermann gegenüber – an der Brücke auf dem Weg zum Bahnhof wäre ein guter Platz. Dort könnten sie dann beide von der Vergangenheit träumen, die wohl so nicht mehr wiederkehrt, zumindest nicht für Kleve. Man wird sich daran gewöhnen müssen, daß die Zeiten für Industriebetriebe mit mehr als 1.000 Beschäftigten hier vorüber sind.

Neben den beiden Großbetrieben haben stets andere Unternehmen ihren berechtigten Platz, sie prägen das Bild Kleves und werden es hoffentlich weiterhin auch tun.

„De Botter". Verwaltungsgebäude der Union Deutsche Lebensmittelwerke

Die Kreisverwaltung im Moritzpark

Neues Finanzamt in Kellen

Die Berufsschulen für den Großkreis Kleve am Weißen Tor

Moderne Jugendherberge auf dem Kleverberg

Modernes Freibad im Sternbusch

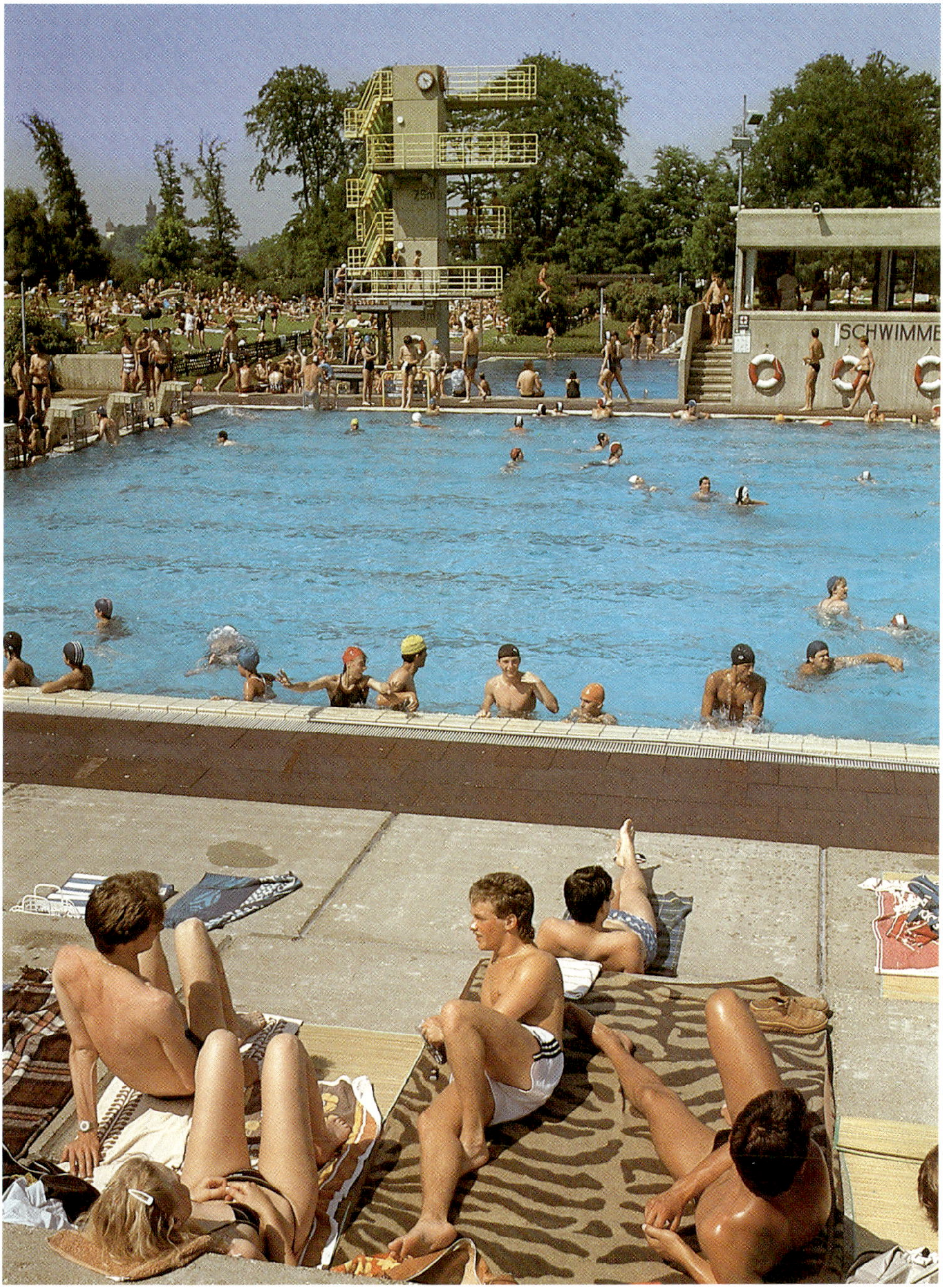
SCHWIMME

Surfer auf dem Altrhein vor der Eisenbahnbrücke bei Griethausen

Sportliche Aktivitäten. Sportplatz Reichswalde

# *Arbeit und Freizeit*

Seit nahezu 20 Jahren, spätestens seit der Kommunalreform 1969, hat sich das Bild Kleves gewandelt. Die Stadt reicht heute von den Wäldern des Reichswaldes bis an den Rhein und zählt annähernd 50.000 Einwohner. (Siehe auch Karte am Anfang und Ende dieses Buches.)

Bei aller Bedeutung der Industrie ist Kleve mehr und mehr eine Behörden- und Schulstadt geworden, in der sich auch Banken und Sparkassen angesiedelt haben. Der Stadtkern selbst ist zu einem lebendigen und beliebten Einkaufszentrum geworden, das in seiner Vielfalt auch die Bedürfnisse der grenznahen niederländischen Bevölkerung erfüllen kann.

Fußgängerzonen, Parkanlagen und der Kermisdal am Fuße der Burg sind neben den vielen schon beschriebenen Anlaufpunkten Garanten, auch über den Einkaufsbummel und Kurzbesuch hinaus in Kleve seine Freizeit verbringen zu können. Sicherlich sind wie überall die Verkehrsprobleme kaum noch in den Griff zu bekommen, aber die Alternative liegt hier vielleicht auf zwei Rädern. Mit der „Fiets" – dem Fahrrad – Kleve erwandern:

vom Grabmal des Maurits von Nassau bis zum Schloß Gnadenthal,

durch die schattigen Wanderwege des Reichswaldes rings um den englischen Ehrenfriedhof bis zur Grenze der Niederlande oder zum Spargeldorf Kessel,

den Spoykanal entlang, der Kleve mit dem Rhein verbindet, zum Denkmal der berühmten Johanna Sebus, ja bis zur Feste Schenkenschanz, die gerade ihren 400. Geburtstag feierte.

Die gemütliche Kneipe an der Ecke, das feine Restaurant, im wahrsten Sinne des Wortes Gastronomie für jeden Geschmack, alles ist in der Stadt selbst aber auch ringsum anzutreffen.

Kleve bietet eigentlich alle Möglichkeiten, Freizeit zu gestalten. Karnevals- und Schützenvereine mit großer Tradition treten alljährlich zu ihrer Zeit auf den Plan. Die Palette sportlicher Angebote in der Vielzahl von Sportvereinen kann hier nicht aufgezählt werden; Fußball, Tischtennis, Volleyball, Schwimmen, Kanufahren, Leichtathletik und natürlich Tennis sind herausragende Sportarten.

Im Wandel der Zeiten, in denen die weite Ferne nicht mehr allein erstrebenswertes Ziel ist, haben Städte wie Kleve ihre Chance. Heute mehr denn je, wo sich auch in den Menschen eine Umwandlung vollzieht.

Vielleicht muß man gar nicht mehr für Kleve werben, weil die Stadt alleine überzeugt, ein wenig stiller zwar als andere Städte, es entspricht aber auch mehr dem Menschen, der hier zu Hause ist.

Beim Kornmahlen in der Donsbrügger Mühle

61

Abendstimmung am Altrhein

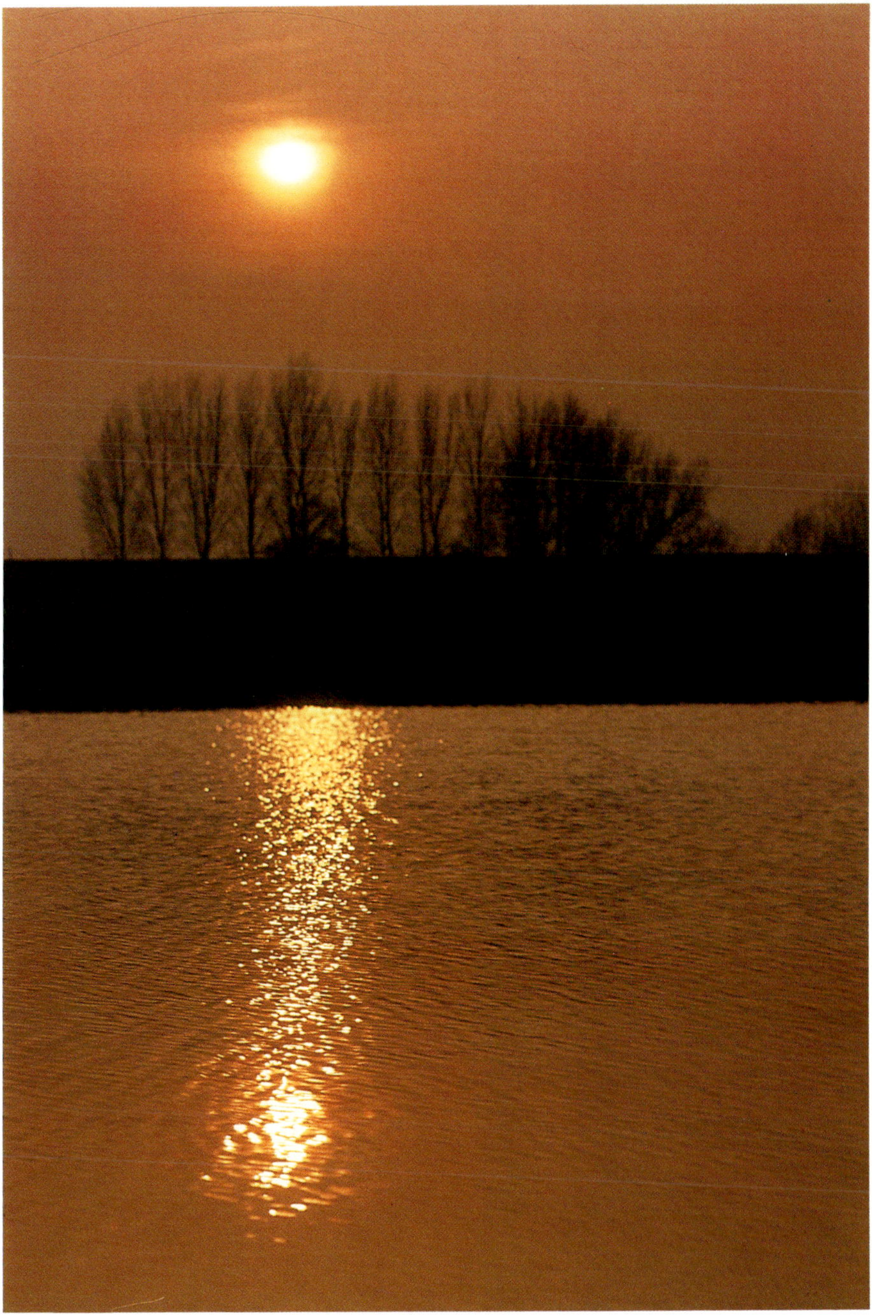

Kaufhof, Minoritenkirche, Spoykanal. Blick vom Schwanenturm

Schwanenburg. Der Spiegelturm von oben

## *Auf Wiedersehen!*

Als früher die Post- und Reisekutschen von den Seehäfen der Niederlande gen Süden oder zurück gen Norden fuhren, vielleicht magisch angezogen von der weithin sichtbaren Burg, hielten sie in Kleve an, verweilten dort in der blühenden Residenz Klever Herrlichkeit.

Ebenso hat der Reisende heute noch Muße beim Verlassen der Stadt, seinen Erlebnissen und Begegnungen nachzuhängen, weil der Schwanenturm den scheidenden Gast noch lange grüßt.
Mag das Grün der Allee, die von Kleve durch den Reichswald nach Holland führt, bald den Blick auf das Wahrzeichen verdecken, dann können wenigstens die Gedanken unbedrängt zurückeilen.

Wie sagt man doch: Der letzte Eindruck bleibt!

Was hat sich eingeprägt?

Die grüne Stadt im Kermisdalbogen ohne den aus dem Stadtkern verbannten Verkehrslärm;

die schützende Hand der Mutter Burg, die noch heute manche Bausünde der Gegenwart wohlwollend zudecken muß;

wehmütige Erinnerungen vielfältiger Art an große Zeiten, die nie wiederkehren;

vielleicht die Erkenntnis, daß Geschichte nicht allein Ballast, sondern auch Begleiter modernen Lebens sein kann!

Die Zeit läuft nicht mehr so schnell in Kleve, Wert und Unwert werden wieder sorgfältiger gewogen.

Es sollte mit dieser Plauderei nur eine Türe aufgestoßen, der Reiz und die Lust auf mehr angeregt werden. Es gibt in Kleve vieles aufzustöbern. Das Stadtarchiv, die Stadtbücherei und die gutsortierten Buchläden haben stets ausführliche Literatur, wenn man mehr wissen, sich gründlicher mit Kleve und seiner Geschichte befassen will.

Unser kleiner Spaziergang in Wort und Bild, zwischen Gestern und Morgen soll ermuntern!

## *Tschüss, Kleve, ich komme wieder!*

# *Einige historische Daten*

| | |
|---|---|
| 1242 | Kleve erhält seine Stadtrechte |
| 1291 | Fertigstellung der Minoritenkirche |
| 1341 | Grundsteinlegung für den Bau der Stiftskirche |
| 1609 | Tod des letzten klevischen Herzogs Johann Wilhelm |
| 1647 | Prinz Moritz von Nassau-Siegen wird Statthalter des Großen Kurfürsten |
| 1742 | Erste Brunnenkuren in Kleve |
| 1809 | Große Rheinüberschwemmung mit mehreren Deichbrüchen; Tod von Johanna Sebus |
| 1815 | Kleve wird Sitz eines Königlichen Oberlandesgerichts |
| 1846 | Eröffnung des Friedrich-Wilhelms-Bades |
| 1862 | Bau des Klever Bahnhofs zur Eröffnung der Bahnstrecke Köln – Amsterdam |
| 1888 | Die Margarine-Industrie kommt nach Kleve |
| 1908 | Gründung der Firma Gustav Hoffmann |
| 1944 | Zerstörung der Schwanenburg und großer Teile der Stadt Kleve |
| 1950 | Klever Burgwoche und Richtfest für den wiederaufgebauten Schwanenturm |
| 1965 | Einweihung der Rheinbrücke Kleve – Emmerich |
| 1969 | Kommunale Neuordnung der Stadt Kleve (Folgende selbständige Gemeinden bzw. Ortsteile kamen zur Stadt Kleve: Bimmen, Brienen, Donsbrüggen, Düffelward, Griethausen, Keeken, Kellen, Materborn, Reichswalde, Rindern, Salmorth, Schenkenschanz, Warbeyen, Wardhausen) |

# Bei Ihrem Buchhändler:

## Der Wiederaufbau einer zerstörten Stadt

Die 50er Jahre

112 unwiederbringliche Zeitfotos mit Einleitungs- und Begleittexten

Format 22 x 28 cm, Skivertexeinband, 160 Seiten

## Interessantes Theaterleben der Jahre 1946-1975

126 Szenenfotos klassischer Theaterkunst mit Einleitungstext von Eduard Wirths, gesamtem Spielplan und Personenregister

Format 21,5 x 25 cm, Ganzleineneinband, 144 Seiten

## Stadt Kleve

- Nimwegen
- B9
- Tierpark
- Tiergarten Wald
- Wasserburg / Rindern
- Forstgarten
- Amphitheater
- Spyckkloster (Herz-Jesu-Kirche)
- Donsbrüggen
- Fr.-Wilh.-Bad
- Klever Ring
- Tiergartenstr.
- Nimwegen
- Kranenburg
- Gruftstraße
- Minor
- Museum
- Sternberg
- Galgenberg / Klever Berg
- Kleine ev. Kirche
- Große Str.
- Friedhof
- Merowingerstr.
- Christus-König-Kirche
- Lindenallee
- Hagsche Str.
- Versöhnungskirche
- Stif
- Lindenallee
- Hoffmannallee
- Peter-Albers-Allee
- St.-Antonius-Hosp
- Reichswalde
- Gennep
- engl. Soldatenfriedhof